大美吉林

总 策 划　曹路宝

总 监 制　于　强

总 统 筹　宛　霞

统筹执行　端金香

文　　字　吉林省地方志编纂委员会

责任编辑　宿迪超

文字整理　郭劲松　　徐海韬

文字校对　王丽新　　练闽琼　　王运哲　　孟　盟　　韩铭鑫

设计制作　张　虎

工艺设计　王　阔　　高千卉

图片整理　郭劲松　　徐海韬　　郭帅达　　钱泽琳　　杨薏蒙

地图审核　徐志强　　苏　敬　　王莹晗

地方历史知识顾问　李云鹤　　常京锁　　黄为放

地方民俗知识顾问　曹保明

地理信息测绘顾问　欧仁和

特色文旅实践顾问　李雨楠　　李　娌

自然风景摄影顾问　郑春生　　刘广峰

人参特产知识普及顾问　孙振天

长白山地质知识顾问　孟凡迎　　付志国

美术指导　王　浩　　吴　均　　王　玲

指导单位

吉林省委宣传部

支持单位

长白山党工委宣传部

吉林省自然资源厅

吉林省地方志编纂委员会

吉林查干湖旅游经济开发区管理委员会

长光卫星技术股份有限公司

吉林省文学艺术界联合会

吉林省摄影家协会

吉林省女摄影家协会

长春市旅游协会

通化市摄影家协会

图片支持（按汉语拼音音序排序）

毕重明　崔宇　冯健男　宫晓平　郭锐　金广山　李圣刚　李志成　连相如

刘春阳　潘桂霞　孙凤娟　孙立刚　王苹　徐力范　张柏英　张君义

张卫　赵俊　赵李想　赵欣　郑嘉茗　周颢　卓永生　邹义

序

吉林，这个坐落在中国地图东北角的省份，以其独特的地理位置成为中国东北中部地区的一颗璀璨夺目的明珠。这片土地不仅承载着厚重的历史，更孕育了丰富的自然与人文景观。这里的每一寸土地都在诉说着一个故事，每一条河流都在吟唱着一首古老的歌谣。这里的山，不仅仅是天然的屏障，更是文化的载体；这里的水，不仅仅是生命的源泉，更是历史的见证。山与水的和谐共生，构成了吉林独特的地理风貌，也孕育了丰富多彩的传统文化，引领我们去探寻那些隐藏在大美吉林背后的别样风景与深邃底蕴。

○山川壮丽，水韵悠长

俯瞰吉林，首先映入眼帘的是连绵不绝的山川与奔腾不息的江河。长白山，这座被誉为"千年积雪万年松，直上人间第一峰"的神山，不仅是吉林人的骄傲，而且是无数游人心中的圣地。长白山天池的秀丽之美、高山峡谷的雄壮之美、瀑布奔腾的豪放之美，都是吉林自然之景的真实写照。每当冬季来临，长白山更是银装素裹，雾凇挂满枝头，这片冰雪覆盖之地宛如仙境一般，让人流连忘返。吉山之美，沁人心脾，而吉水之韵，同样令人驻足。松花江水的宽广壮阔、鸭绿江畔的秀丽风景、查干湖上的粼粼波光等，每一处都是大自然赋予这片吉祥之地的宝贵财富。这些自然景观不仅为吉林增添了无限的魅力，也为吉林的经济社会发展注入了强大的动力。

○历史厚重，文化璀璨

吉林不仅自然风光迷人，其深厚的历史文化底蕴同样令人瞩目。这片土地上拥有众多珍贵的历史遗迹和文化遗产。吉林有着光荣的革命历史，是东北抗联创建地、东北解放战争发起地、抗美援朝后援地，以及新中国汽车工业的摇篮、新中国电影事业的摇篮和中国人民航空事业的摇篮。吉林历来是多民族聚居之地，各族人民在长期的历史发展过程中，不仅持续传承本民族的文化，还在不断交往、交流、交融中，实现了美美与共。吉林的特色物产，作为文化与自然元素的完美结合的产物，被赋予了吉祥如意的象征意义。在古代，吉林是皇家贡品的重要产地，这里出产的人参、鲟鳇鱼、东珠都是皇家贵族指定贡品；现如今，吉林的鹿茸、灵芝等珍贵药材，生长在黑土地上的大米、大豆、玉米等优质粮食……同样获得了人民群众的认可；东北虎、远东豹、梅花鹿等野生动物的繁衍生息则是大自然的认可。这些物产都是吉林丰富自然资源和深厚文化底蕴的结晶，是吉林独特的文化符号。

○大美吉林，未来可期

在中国源远流长的文化长河中，"吉"字寓意美好与幸福，如同一股温暖的春风，吹拂着人们的心田，而生长在吉林的一代又一代人民也不断用自己的方式为这片土地、整个国家努力创造着美好与幸福。吉林人在科教、艺术等领域都取得了显著的成就，为国家的科技进步和文化繁荣贡献了重要力量。吉林人还以真诚质朴、宽容大气、坦率热忱的性格特点著称。吉山、吉水、吉人、吉物，以及承载吉林全部的这片吉祥之地，相辅相成，让人们看到了吉林省的自然之美、物产之丰、文化之深，感受大自然的鬼斧神工和生命的强悍坚韧，领略东北各民族的深厚文化底蕴和独特民族风情，更可以感受这片土地所独有的气度与情怀。它们不仅仅是物质的存在，更是精神世界的寄托，激励着一代又一代人不断前行，在追求吉祥的道路上永不止步。在这片充满希望的土地上，吉林人民正以饱满的热情和昂扬的斗志，书写着属于自己的辉煌篇章。

未来，吉林一定会以更加美丽的姿态展现在世人面前，成为连接东北亚各国的璀璨明珠和推动中国乃至世界发展的重要力量。

《大美吉林》编创组

目 录 CONTENTS

第一章 吉山

第二章 吉水

　　长白山，这座矗立于中国东北地区的山脉，不仅是中国与朝鲜的界山，而且是中华十大名山之一，以其独特的地理位置和丰富的自然景观吸引着无数游客与探险者。它横跨吉林省延边朝鲜族自治州安图县和白山市抚松县，位于东经 127°40'—128°16'，北纬 41°35'—42°25'，是鸭绿江、松花江和图们江的发源地，被誉为"关东第一山"。

　　长白山历经数次火山喷发，形成了如今奇特的景观风貌，素以"奇、神、妙"而著称于世。景区四大气候景观带分布明显，拥有罕见且独特的生物群落，在这里能够找到从温带到极地的各种植被。

　　来到长白山，第一要看它的"奇"，这里未经人工雕琢，是纯自然的景观，景色独特。第二要看其"神"，长白山雄伟、深邃、神秘。这里历史悠久，有很多历史故事和神话传说，曾经被封为禁地、尊为神山、称为圣山。第三要看其"妙"，长白山具有东亚大陆典型的森林生态系统，是生物物种基因库，有独特、罕见的生物群落。

第一节

长白山天池，一潭碧波三江源

长白山天池位于长白山主峰火山锥体的顶部，是中国海拔最高的火山口湖，也是松花江、图们江和鸭绿江的"三江之源"。

长白山天池，以"天"为名，自然是人间仙境。长白山天池水面海拔高度 2189 米，水域面积 9.82 平方千米，是中国海拔最高和面积最大的火山口湖，湖水最深处 373 米，蓄水量惊人，达 20.4 亿立方米。其独特之处在于，虽坐拥浩渺水域，却只见出水口流水潺潺，难觅明显进水之路。水面与环形峰脊间最大高差有 500 余米，更显长白山天池之雄伟与神秘。站在长白山天池边，无论从哪个角度，都能感受到那份超脱尘世的宁静与壮丽。湛蓝的天空下，长白山天池宛如一颗璀璨的蓝宝石，镶嵌在长白山之巅，闪烁着神秘而迷人的光芒，引人无限遐想。

绿渊潭
Lvyuan Lake

　　绿渊潭位于岳桦林景观带，因岳桦荫翳、潭水碧绿而得名。上方还有一处由长白山天池水形成的落差26米的瀑布，瀑布落于巨石而水花四溅，而后流入深潭，每逢雾起，潭上水雾弥漫，与高山岳桦、旷古巨石浑然一体，美不胜收，恰似仙境。

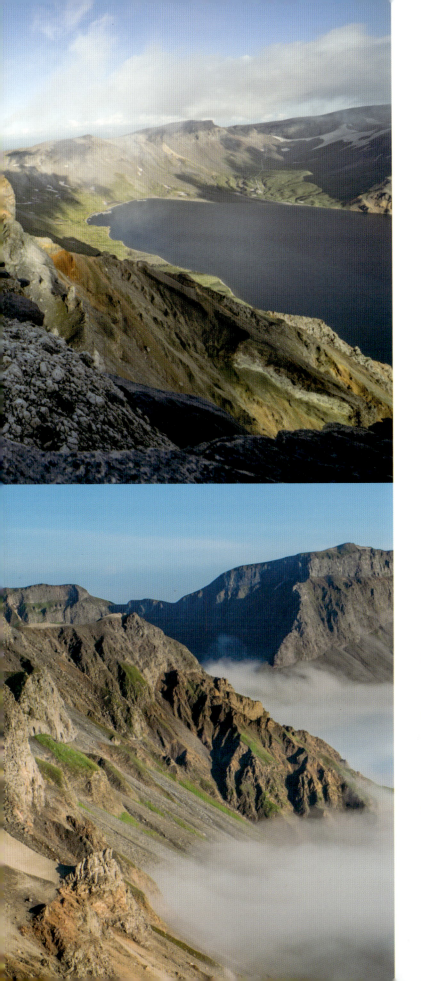

长白山十六峰

Sixteen Peaks of Changbai Mountain

长白山十六峰，为环长白山天池的十六座山峰，是火山爆发后形成的自然景观。十六座山峰海拔都在 2500 米以上，主峰白云峰，海拔 2691 米。

长白十六峰包括：白云峰、芝盘峰、华盖峰、天豁峰、龙门峰、紫霞峰、铁壁峰、观日峰、玉柱峰、冠冕峰、梯云峰、卧虎峰、孤隼峰、锦屏峰、白头峰、三奇峰。

锦江大峡谷，幽深险峻奇绝境

在长白山的广袤天地间，隐匿着一处自然奇景——锦江大峡谷。它宛如大地上的一篇神秘诗篇，镌刻在火山熔岩台地之上，展现出岁月的沧桑与自然的伟力。

长白山锦江大峡谷位于吉林省白山市抚松县，长白山火山西坡北锦江谷地，距长白山天池 20 千米，峡谷长达 70 千米，最宽处约 300 米，垂直深度达 160 米。

锦江大峡谷是国内规模最大的火山岩区峡谷地貌，其特殊的地理位置和神话般的微地貌景观颇具幽、奇、秀、美之特色，国内外罕见，成为长白山一处特殊的旅游景观。

长白山锦江大峡谷的形成
The Formation of the Jinjiang Grand Canyon in Changbai Mountain

　　长白山锦江大峡谷是火山堆积物经过千万年的断裂构造作用和流水侵蚀切割，逐渐形成的壮美景观。峡谷内，流水潺潺，清澈见底，与两岸的奇石异木相映成趣，构成了一幅生动的自然画卷。步入峡谷，仿佛踏入了一个神秘的世界：抬头仰望，峭壁耸立，云雾缭绕；低头俯视，溪流淙淙，水声潺潺。沿途可见形态各异的熔岩石峰林，有的如金鸡独立，有的似骆驼漫步，还有的像观音打坐，让人不禁感叹大自然的神奇与伟大。

长白山瀑布，飞舞银练悬峭壁

长白山瀑布位于延边朝鲜族自治州安图县的长白山景区内，它是长白山最为壮观的自然景观之一。瀑布从海拔 2200 米的高处落下，形成落差达 68 米的巨大瀑布，是世界上落差最大的火山口湖瀑布。

长白山瀑布宛如天地间的一曲壮丽交响乐，荡漾着无尽的激情与活力。它如一条银色绸带，从长白山之巅飞流直下，将天地间的精华凝聚于一瞬。

瀑布的水流汹涌澎湃，仿佛有千钧之力，冲击着岩石，发出震耳欲聋的轰鸣。那声音，如同远古的呼唤，让人心生敬畏，又仿佛是大自然的低语，诉说着岁月的沧桑。

长白山瀑布以其磅礴的气势和独特的魅力，吸引着无数游客前来观赏，让人们在赞叹之余，深刻感受到大自然的伟大与神奇。在这里，人们可以放下所有的烦恼与束缚，让心灵随着瀑布的倾泻而自由飞翔。

乘槎河

Chengcha River

　　长白山天池水沿补天石无声无息地流出1000米后，随着地势突然陡斜，"尾"与长白山天池相连，"头"与长白山瀑布相接，高高悬在山上，故称之为"天河"。天河，也称为乘槎河。

　　乘槎是乘木筏的意思。传说汉代张骞寻海源，乘槎经过月亮，见一位女子在室内织布，又见一位男子牵牛饮河，随后张骞带着织女送给他的支机石，乘槎而去。唐朝大诗人李商隐有诗《海客》："海客乘槎上紫氛，星娥罢织一相闻。"

　　乘槎河全长只有1250米，在2000多米的高山之巅奔腾不止，实为世间一大奇观。

聚龙温泉群，仙气氤氲温凉泊

在长白瀑布不远处有长白温泉，这是一个分布面积达 1000 平方米的温泉群，共有 13 个泉眼向外喷涌泉水。

长白山温泉群距长白瀑布约 900 米，其水温之高、水质之好、流量之大，堪称我国温泉之最。温泉水中含有多种矿物质和对人身体非常有益的元素，对关节炎、风湿病等有较好疗效。

聚龙泉

Julong Hot Spring

　　聚龙泉是长白山温泉群中水量最大、水温最高的温泉，堪称长白山第一泉。它位于落笔峰北倒石堆下侧，二道白河从温泉群中间穿过。

「第 五 节」

魔界风景区，神秘莫测光和影

长白山魔界风景区位于安图县二
道白河镇红丰村辖区内。魔界风景区
的水是长白山天池流下来的温泉水在
这一带形成的水系。

长白山魔界风景区是国家 AAAA 级旅游景区。景区由湿地保护区、野生动物观赏区、流泉飞瀑观光区、森林氧吧休闲区、魔界摄影区、漂流体验区、林下经济采摘区组成。魔界风景区景色旖旎如仙境，幽深雅静，神秘迷人。眺望远方，仿佛置身于亦真亦幻的"魔地"，远离了尘世，远离了喧嚣，走进了一个神奇的远古魔幻世界。景区内水资源丰富，气温较低时，在日出时分水汽蒸腾，河中枯树形成雾凇，树和水若隐若现，摄影人称这里为"魔界"，是东北森林旅游、摄影的最佳选择地之一。

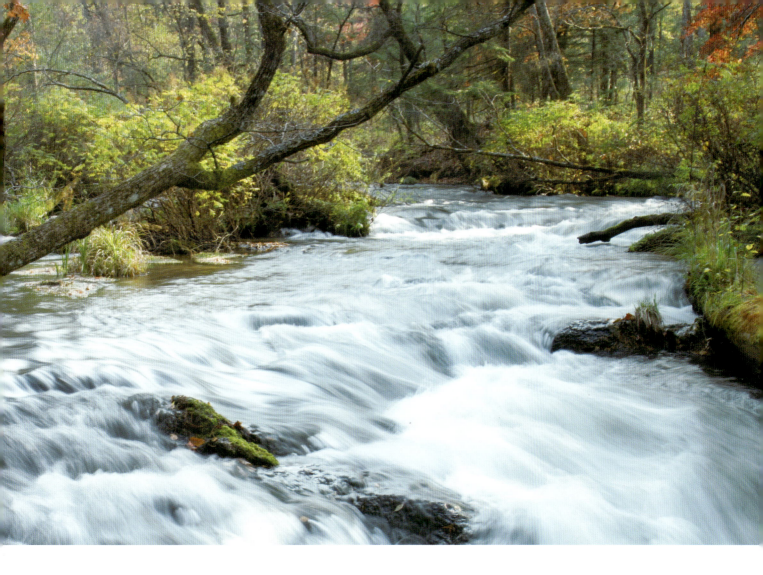

奶头河
Naitou River

  奶头河是魔界风景区中的主干河流，发源于长白山温泉，常年流水不冻，河两岸就是奶头山村。这里生态环境优良，物种丰富，植被茂密。漫步在河边小路，听山间鸟鸣，有一种归隐山林的舒适感。

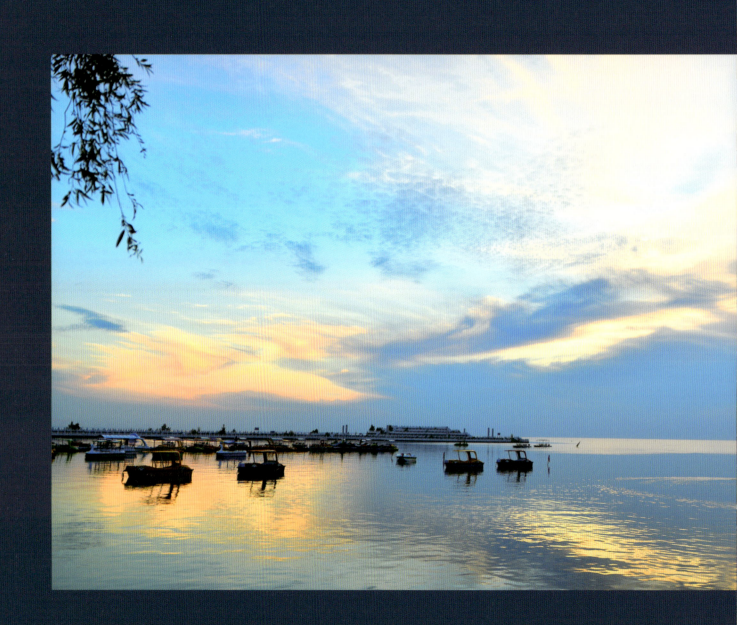

「第 一 节」

松花江，天河行地

松花江发源于长白山天池，全长约1900千米，是中国内河中位居第三位的大河。《吉林通志》中记载，"松花江即混同江也，本名松阿哩乌拉"，满语意为"天河"。

松花江在不同历史时期有不同的名称。在东晋至南北朝时期，上游被称为"速末水"，下游被称为"难水"；在隋唐时期，上游被称为"粟末水"或"涑沫江"，下游的具体名称在现有资料中未明确提及；在辽代，上下游统称"混同江"，有时也被称作"鸭子河"；在金代，上游被称为"宋瓦江"（宋阿江），下游被称为"混同江"；在元代，上下游被统称为"混同江"；在明代宣德年间，始称"松花江"，然后一直沿用至今。

松花江原本是一条向西南流动注入辽河水系的水道。然而，随着地壳的变动和松辽分水岭的隆起，松花江逐渐向北切穿了张广才岭，向东北方向流去，并最终注入黑龙江。这一变迁形成了现代松花江水系的基本面貌。在历史上，松花江流域内地广人稀，居民以游牧渔猎为生。直到清朝后期，随着大量移民的涌入，流域内的屯垦历史才开始逐步展开。这一过程中，水利设施逐渐兴建，农业生产得到了一定的发展。

松花江发源地
The Source of the Songhua River

　　松花江发源于长白山天池，流经吉林、黑龙江两省，于黑龙江省同江市东北约 7 千米处由右岸汇入黑龙江，流域面积 55.7 万平方千米，涵盖黑龙江省、吉林省、辽宁省、内蒙古自治区。

「第 二 节」

连三湖，串珠璀璨

松花江的存在犹如命脉牵系着黑土地上的文明进程，见证着生生不息的生命奇观。尤其在孕育着"三湖连珠"的白山湖、红石湖、松花湖，已非"美不胜收"所能尽述，而是展现了一种气象万千的自然奇观。

　　碧波荡漾的松花江宛如一条玉带，串联起三颗璀璨的明珠——白山湖、红石湖和松花湖。白山湖，位于长白山麓，是白山水电站建成之后形成的人工湖；红石湖，位于桦甸市红石砬子镇境内，是红石水电站建成之后形成的人工湖；松花湖，位于吉林市东南部，是丰满水电站建成后形成的人工湖，也是东北地区最大的人工湖之一。这三个湖泊都是松花江三湖国家级自然保护区的一部分，该保护区以其丰富的森林资源、水资源和野生动植物资源而闻名，对于维护地区生态安全、保障当地及松花江下游地区人民的生产生活具有重要作用。游客在这里可以体验到自然与人文的和谐共存，无论是徒步、乘船游览，还是观赏野生动物，都能获得难忘的体验。同时，这三大湖泊以其独特的自然风光和生态价值，被誉为"三

湖连珠"，成为吉林省乃至东北地区的生态瑰宝。

"三湖连珠"的存在，不仅为人们提供了休闲娱乐的场所，也为当地的生态环境保护作出了贡献。并且，这三湖一江也是科研、教育的重要基地，对于研究东北地区的生态环境、生物多样性具有重要意义。保护好"三湖连珠"，就是保护好我们共同的家园。随着生态旅游的兴起，越来越多的人意识到生态环境的重要性。吉林省政府和相关部门也在不断加强生态保护和旅游开发，力求在保护中开发，在开发中保护，让"三湖连珠"的自然风光和生态价值得以永续传承。

白山湖
Baishan Lake

　　白山湖由东北第一大水电站——白山水电站的大坝拦江而成，是在大坝以上形成的一个人工湖。白山湖水域面积约 120 平方千米，湖周边自然风景秀丽，春季遍山野花、径幽香远，秋季满山枫叶、层林尽染，两岸崖壁陡峭、群峰林立，形成了国家 AAA 级旅游景区——白山湖仁义风景区，当地人也称之为"仁义砬子风景区"。走进白山湖仁义风景区，就仿佛走进了一幅天然的水墨画，一处处多层柱状节理的石柱和层状分布的岩层，向人们展示了侏罗纪、白垩纪时地质变化的景象。这些景象无不在诉说着地球沧海变桑田的故事，令人对大自然顿生敬畏之心和感激之情。

67

红石湖

Hongshi Lake

红石湖积水面积约 203 平方千米，由红石水电站大坝拦江而成，库容量达 2.834 亿立方米。湖面宽阔，碧波荡漾，四季景色各异。红石湖的西岸高山连绵，森林茂密，自然景观丰富。近处有鸡冠砬子峰，中处有骆驼砬子峰，远处有影壁峰等自然景象，山陡林密，鸟瞰犹如九天银河落地。

红石湖的美，不仅在于它的自然风光，更在于它所蕴含的文化底蕴和历史记忆。在这片土地上，流传着许多美丽的传说和故事，它们与红石湖的美景交相辉映，共同编织了一幅幅动人的画卷。

松花湖

Songhua Lake

　　松花湖位于吉林市东南，横卧在松花江上，置身于群山环抱之中，是建设丰满水电站时拦截松花江水后形成的东北地区人工湖之一。松花湖是国家 AAAAA 级旅游景区，其地理位置优越，气候清爽宜人，山水风光兼有"黄山之美，漓江之秀"，以"山幽、林秀、雪佳"的独特景致闻名中外。春夏时节，林木叠翠、微风送凉，百里湖区万顷一碧，白帆点处烟波浩渺；秋冬季节，漫山红叶，雪盖山湖，深壑幽谷，山影雄浑，凇涛雪韵，玉树琼花。松花湖全年气温 3 ~4℃，昼夜温差 15℃左右，夏季气温在 20~23℃，被誉为"中国消夏避暑第一湖""北国山水胜境"。

「第 三 节」

鸭绿江，浮载古今

鸭绿江全长 795 千米，是流经吉林省的一条重要河流。其流域总面积 6.19 万平方千米，其中在中国境内流域面积 3.25 万平方千米，拥有极其丰富的水资源。

　　鸭绿江发源于吉林省长白山南麓，上游旧称"建川沟"。在源头阶段，鸭绿江的流向：先向南，经过长白朝鲜族自治县后转向西北，再经临江市转向西南。干流流经吉林和辽宁两省，最终在辽宁省丹东市东港市附近流入黄海北部的西朝鲜湾。现在的鸭绿江是中国和朝鲜之间的界河，江中的朝方岛屿——绸缎岛和薪岛等与中国陆地接壤，目前河口为双方共用。

　　鸭绿江年径流量316.9亿立方米，其中7—9月径流量占全年径流总量的36%，8月最多，可达15%，2月最少，仅占5.9%。年输沙量113万吨，以粉沙为主。其中7—9月输沙浓度为每立方米0.48~0.72千克，其他月份为每立方米0.17~0.46千克。鸭绿江拥有浑江、虚川江、秃鲁江等多条支流，拥有水丰、太平哨等数个大中型水电站、水库。

　　鸭绿江是一条充满生机的河流。丰富的水资源为沿岸地区提供了灌溉之利，也孕育了丰富的渔业资

源。两岸人民依托鸭绿江，发展农业、渔业和旅游业，生活富足而和谐。鸭绿江的自然风光和人文景观吸引了众多游客前来观光游览，近距离感受鸭绿江的美丽和神秘。同时，吉林省也借助鸭绿江的旅游资源，发展了边境旅游和跨境旅游，推动旅游业的高质量发展。

随着时代的发展，鸭绿江地区也在积极融入全球化进程，加强与国际社会的交流与合作。沿岸城市依托其独特的地理位置和丰富的资源优势，大力发展边境贸易、文化旅游等，为地区经济发展注入了新的动力。鸭绿江是一条充满魅力和活力的河流，不仅为吉林省带来了自然美景和丰富资源，更成为中朝两国人民友谊的见证和区域经济合作的重要纽带。它以其独特的自然景观、丰富的历史文化内涵及蓬勃的发展态势，成为东北地区乃至全国范围内备受瞩目的旅游胜地和经济发展区域。

鸭绿江朝贡道

The Yalu River Tribute Road

　　鸭绿江水路，古称"鸭绿道"。汉朝至唐朝时期，是夫余、高句丽等地方政权与中原王朝的主要水路交通线，形成于汉末。这条水路线自临江（今吉林省白山市江源区）乘船至辽东郡西安平县海口（今丹东北河尖古城）入海后沿辽东半岛抵山东半岛，或经东海直抵长江口。因高句丽主要通过鸭绿道向中原王朝进贡，故史家称其为"朝贡道"。

　　鸭绿江是渤海国取道登州（今山东省烟台市蓬莱区），直抵唐都长安城（今陕西省西安市）的较近的古道。神州临江正处在朝贡道上水陆交替转换的重要位置。唐朝运来的丝绸、陶瓷和渤海国运往唐朝的贡品均在临江中转。中华文化正是由鸭绿江朝贡道传播到了日本等地。

　　鸭绿江朝贡道在中国某些朝代是中原王朝连接日本列岛、朝鲜半岛、西伯利亚等地的纽带。

吉林鸭绿江上游国家级自然保护区

The Upper Reaches of the Yalu River National Nature Reserve in Jilin Province

　　吉林鸭绿江上游国家级自然保护区位于吉林省东南部中朝边界鸭绿江水系上游，总面积 203.06 平方千米。1996 年，吉林省人民政府批准建立省级冷水性鱼类自然保护区，2003 年 1 月，国务院批准其晋级为国家级自然保护区。保护区属于典型的东北山地森林河流生态系统，水生生态系统多样性丰富，其植物区系以长白山植物区系为主。保护区内森林茂盛，山泉溪流众多，冷水性鱼类资源丰富，共有鱼类 14 种，其中细鳞鱼为国家二级保护野生冷水性珍稀濒危动物之一。

「 第 四 节 」

图们江，辉映海波

图们江发源于长白山脉主峰东麓，江水由南向北流经中国、朝鲜、俄罗斯，在俄朝边界处注入日本海。图们江干流总长 525 千米，中朝界河段长 510 千米，朝俄界河段长 15 千米。总流域面积 33168 平方千米。

　　图们江是一条具有独特地理位置和丰富自然资源的河流，它宛如一条美丽的绸带，环绕在中朝俄三国交界处，展现出独特的地理风貌与丰富的自然生态。2009年11月，国务院正式批复《中国图们江区域合作开发规划纲要——以长吉图为开发开放先导区》，对图们江地区国际区域合作进行了更细致的规划。而后在2012年4月，为深入实施《全国主体功能区规划》和《中国图们江区域合作开发规划纲要——以长吉图为开发开放先导区》，进一步推动图们江区域国际合作，促进长吉图经济区协调发展，提升中国沿边地区开发开放水平，国务院同意在吉林省珲春市设立中国图们江区域（珲春）国际合作示范区，这是中国为图们江国际区域合作而建立的示范区。

　　建设好珲春国际合作示范区，是中国深入推进图们江区域开发开放的重大举措，有利于促进中国与周边国家特别是与朝鲜、俄罗斯的经贸合作，实现优势互补和互利共赢；有利于探索中国扩大沿边地区开发开放的新路径，加快东北老工业基地振兴步伐；有利于提升中国边疆民族地区经济社会发展水平，促进民族团结和边疆稳定。2014年，国务院发布《关于近期支持东北振兴若干重大政策举措的意见》，强调支持中国图们江区域（珲春）国际合作示范区建设，以扩大东北地区开放合作。

图们江入海口
Tumen River Estuary

　　图们江发源于长白山脉主峰东麓，蜿蜒流向东北，至珲春市密江附近折向东南，在图们江下游的防川"土字牌"界碑处出境后注入日本海。

查干湖，冰湖腾鱼

查干湖，亦称"查干泡""旱河"，蒙古语为"查干淖尔"，意为白色圣洁的湖，位于吉林省松原市前郭尔罗斯蒙古族自治县查干湖旅游经济开发区境内。

在吉林省西北部的郭尔罗斯草原上，有一个神奇的湖泊，每年都会吸引世界各地的游客来到这里，观大湖风光、品饕餮盛宴、悟文化璀璨！这里有最后的渔猎部落，可以目睹最原始捕鱼作业的全过程，这个神圣、神奇、神秘的如明珠般镶嵌在草原上的湖泊就是中国十大淡水湖之一、吉林省最大内陆湖——查干湖。

查干湖的地理位置特殊，位于内蒙古自治区、黑龙江省和吉林省的黄金三角地区，被长白山、大兴安岭、小兴安岭三山环抱，是东北平原之松嫩平原、科尔沁草原重叠处。

查干湖湖岸线蜿蜒曲折，南北长 37 千米，东西宽 17 千米，周长 128 千米，总面积约 500 平方千米，水域面积约 420 平方千米，蓄水量约 7 亿立方米。清澈的湖水养育一方水土，这里良田肥沃，稻浪翻滚，果园飘香。

春天的查干湖格外辽阔，沉睡了一冬的湖水一旦醒来，就会着意地装扮起

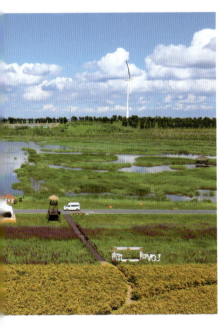

来，春草复绿，染碧了沿岸，花蕾绽开的枝头倒映在清幽幽的湖水里，像给硕大的查干湖缀上了一件件闪光的首饰，这时候勤劳的渔民也把一叶叶扁舟摇向湖面。

夏天的查干湖山光水色，犹如一幅绚烂的画卷，吸引着旅游者接踵而至。湖面上盛开的莲花，宛如羞涩的仙子轻舞于碧波之上，它们那肥大而翠绿的叶片，如同翡翠织就的华盖，铺展出一顷无垠的碧绿海洋。

秋天的查干湖更是充满了北国的诗情画意。晚霞掷湖中千万件五彩缤纷的绮缎，水天连成一片，无边无际。湖水中红鲤跳跃、白鲢穿梭，湖岸上秋苇摇曳，令游人沉醉。

冬天的查干湖银装素裹，更有一副冰雪世界的英姿。极目望去，封冻的查干湖横卧在一片茫茫世界里，冰雪又雕塑出一个千姿百态的童话世界。这时候，最壮观、最繁忙的冬季捕鱼时节到来了。

查干湖冬捕
Winter Fishing Activities in Chagan Lake

　　查干湖的冬捕活动是其最具特色的民俗风情之一。每年冬季，当湖面冰封，渔民们便会在冰面上凿出孔洞，进行传统的冬捕作业。查干湖的渔猎历史可以追溯到辽代，甚至更早。辽代帝王延续着先祖的习俗，每年都会到查干湖进行渔猎活动，并利用这样的机会会见部落首领，举行"头鱼宴"。这种习俗的传承使得查干湖成为中国渔猎文化的重要代表之一，被称为"最后的渔猎部落"。这种古老的捕鱼方式不仅展示了人类与自然的和谐共处，还让游客有机会亲身体验到渔猎文化的魅力。

查干湖冰雪渔猎文化旅游节
Chagan Lake Ice and Snow Fishing Cultural Tourism Festival

　　2005 年，"查干湖冬捕"以"规模最大的冬网捕鱼"荣获上海大世界吉尼斯之最。一年一度举办的"中国·查干湖蒙古族民俗旅游节"和"中国·查干湖冰雪渔猎文化旅游节"已成为叫响国内外的节庆品牌。这里已建设成为集狩猎、射箭、赛马、观光旅游为一体的多功能旅游景点。

苍莽山地，风光旖旎

吉林省的山地资源丰富，以长白山脉为核心，辅以大黑山、张广才岭、吉林哈达岭、老岭、牡丹岭等主要山脉，共同构成了吉林省壮丽的山地景观。

　　吉林省的东部山地以中部大黑山为界，细分为长白山中山低山区和低山丘陵区。长白山脉是吉林省乃至中国东北地区的重要山脉，其中包含了白云峰等高峰。白云峰是吉林省海拔最高点，达 2691 米。

　　吉林省的主要山脉除了大黑山外，还有张广才岭、吉林哈达岭、老岭、牡丹岭等。这些山脉不仅构成了吉林省独特的地貌，还对当地的气候、水文等自然条件产生了深远影响。

　　吉林省丰富的山地资源孕育了高质量的林业资源，是全国重点林业省份之一，森林资源丰富，东部长白山林区素有"长白林海"之称。截至 2023 年，全省林地面积 88298 平方千米，有林地面积 83998 平方千米，森林蓄积量 11.09 亿立方米，森林覆盖率 45.42%，在全国处于靠前水平，全省林地面积约占全省总面积的一半。

吉林拉法山国家森林公园
Jilin Lafa Mountain National Forest Park

　　吉林拉法山国家森林公园位于吉林省东部蛟河市境内，距市中心 36 千米。现有景点 200 余处，其中历史人文景点 5 处，自然景点 150 多处，有最为著名的十二景，总面积 341.94 平方千米，包括六大景区。拉法山国家森林公园内森林覆盖率达到 84.8%。

第 二 节

黑土耕地，平畴千里

吉林省是农业大省、粮食大省、全国重要的商品粮生产基地，位于东北平原黑土区核心区。域内黑土地资源丰富，覆盖 26 个市、县，贡献了全省 80% 左右的粮食产量。

盐碱地改造
Saline-Alkali Soil Transformation

　　吉林省目前实施盐碱地综合治理项目 184 个，新增耕地 92.5 万亩（1亩 ≈ 666.67 平方米），占全省同期新增耕地数量 86.10%。据测算，到2035 年可适度开发新增耕地 365 万亩，综合施策 10 年，按照粮食亩产可以提高到 1100 斤（1 斤 =0.5 千克）估算，能够形成 40 亿斤以上的粮食产能。

　　通过盐碱地改造工作，曾经的盐碱泡变成生态大湖，最终成为如今热门的生态旅游胜地。吉林省的盐碱地改造践行着保护生态和发展生态旅游相得益彰的理念，走出了一条生态美、人气聚、效益增的绿色发展新路。

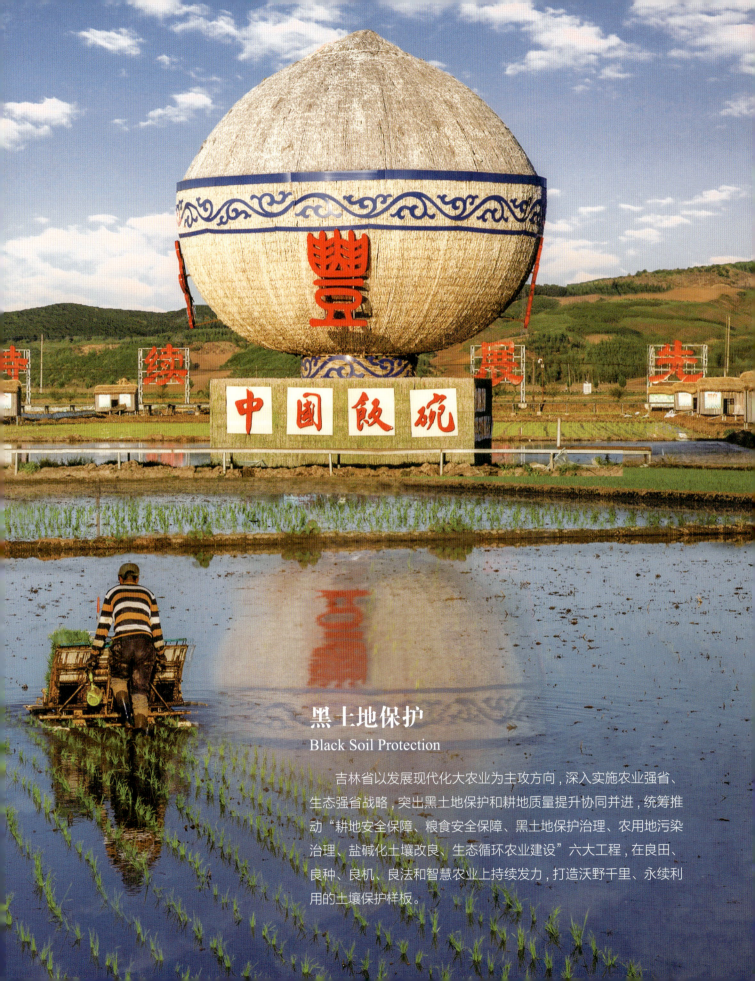

豐豆

中國飯碗

黑土地保护
Black Soil Protection

　　吉林省以发展现代化大农业为主攻方向，深入实施农业强省、生态强省战略，突出黑土地保护和耕地质量提升协同并进，统筹推动"耕地安全保障、粮食安全保障、黑土地保护治理、农用地污染治理、盐碱化土壤改良、生态循环农业建设"六大工程，在良田、良种、良机、良法和智慧农业上持续发力，打造沃野千里、永续利用的土壤保护样板。

第 三 节

湖沼湿地，鱼米之乡

吉林省湿地包括河流、湖泊、沼泽、人工等四大类，总面积8172平方千米，其中沼泽湿地2275平方千米、河流湿地1892平方千米、湖泊湿地539平方千米、水库等人工湿地3466平方千米。

吉林向海国家级自然保护区
Jilin Xianghai National Nature Reserve

　　吉林向海国家级自然保护区是1981年由吉林省政府批准建立的、以保护丹顶鹤等珍稀水禽和大果榆等稀有植物群落为主要目的的内陆湿地与水域生态系统兼具的自然保护区。保护区位于吉林省西部的通榆县境内，总面积1054.67平方千米。其中，湿地360平方千米，林地290平方千米，草原300平方千米。

吉林莫莫格国家级自然保护区
Jilin Momoge National Nature Reserve

　　吉林莫莫格国家级自然保护区是典型的湿地类型保护区，全区总面积 1440 平方千米，其中湿地面积占 80％，是吉林省最大的湿地保留地，被誉为"吉林西部之肾"。莫莫格保护区与黑龙江省隔江相望，与内蒙古自治区毗邻，是一座天然的自然博物馆、物种基因库，亦是鸟类的天堂，同时也是您旅游、度假、休闲、回归自然、陶冶情操的理想场所。

哈泥国家级自然保护区
Hani National Nature Reserve

　　哈泥国家级自然保护区位于吉林省长白山北麓龙岗山中段，隶属吉林省通化市，是哈泥河的源头区。哈泥湿地面积 17.51 平方千米，平均海拔 910 米，泥炭平均厚度 4.6 米，最大厚度 9.6 米。该湿地由火山熔岩堰塞湖盆形成，沼泽类型丰富，有森林沼泽、灌丛沼泽和草本沼泽。同时，它拥有中国东北地区泥炭厚度最大、沉积最为连续、个体沼泽面积最大的沼泽湿地，是东北地区的大型泥炭沼泽地之一，拥有在世界上也不可多得的高分辨率泥炭层标。

冰天雪地，北国风光

吉林省的冰雪资源得天独厚，地处世界冰雪"黄金纬度带"的长白山脉孕育出了世界闻名的"粉雪"，并与同处这一纬度的欧洲阿尔卑斯山脉、北美落基山脉同列"世界三大粉雪基地"。

吉林省冬日的景致众多，各具特色。冬天净月潭晶莹剔透的蓝冰，在阳光下美得如梦如幻；以雾凇景观闻名的雾凇岛上，沿江的垂柳挂满了洁白晶莹的霜花，景色如诗如画；四方顶是辉南最高峰，林海雪原、云雾缭绕，是观赏雪景和体验自然之美的绝佳地点；被皑皑白雪覆盖的老里克湖，拥有绝美的雾凇和天然雪雕，是户外探险的胜地；长白山一到冬天就变成了银装素裹的冰雪王国，这里拥有世界一流的粉雪资源，是赏雪娱冰的好去处。

　　吉林省位于北纬 41° — 46°，处于冰雪资源黄金纬度，与法国、瑞士等国的世界著名冰雪运动胜地处于同一纬度。其地处东北平原，东部为长白山脉，地势东高西低，山地面积占全省总面积的 60%，山地高度一般在 300~1000 米，各类坡度的山地应有尽有，因此特别适合建设滑雪场、滑冰场。吉林省的雪有着积雪期长、雪质柔软的特点。数据显示，吉林省的白城市、长春市、吉林市等地区年积雪日数在 140~150 天，通化市、辽源市地区年积雪日数在 150~160 天，长白山天池年积雪日数长达 280 天。

滑雪运动

Skiing

　　吉林省以冰雪为品牌，创造了特有的冰雪文化。吉林省是新中国滑雪运动的摇篮，也是中国开展冰雪运动最早的地区之一，更是中国冰雪体育竞技与运动发展的重点地区。吉林省不仅承办了数十次全国冬季滑雪竞赛活动，而且开展了各式冰雪文化节，例如，吉林市雾凇冰雪节、长春净月潭瓦萨国际滑雪节等。

　　吉林省拥有多个冰雪运动场地，如北大湖滑雪场、松花湖滑雪场、长春净月潭滑雪场、长白山高原冰雪训练基地、通化市金厂滑雪场，以及长春市冰上运动中心等著名的滑雪、滑冰场地，场地基础设施完备。当地的宾馆、饭店、商场等场所也为外来冰雪爱好者的接待、购物、餐饮等提供了便利。

第 五 节

摇篮福地，红色标识

从长白山巅到松花江畔，吉林省"三地三摇篮"的红色标识穿越百年历史长河，承载着一段段红色记忆，铭刻着中国共产党人的初心和使命。

通化市抗美援朝烈士陵园

铭记历史 缅怀先烈 珍爱和平

长春市长影旧址博物馆室内展厅

吉林省被誉为"三地三摇篮"，这一称谓承载着丰富的历史意义和深厚的文化底蕴。其中，"三地"指的是东北抗日联军创建地、东北解放战争发起地、抗美援朝后援地；"三摇篮"则指新中国汽车工业的摇篮、新中国电影事业的摇篮、中国人民航空事业的摇篮。

东北抗日联军创建地，肯定了吉林省对抗日战争的胜利作出的重大历史贡献。在这片土地上，抗日的烽火燃遍了白山黑水，无数英雄儿女为国家的独立和民族的解放献出了宝贵的生命；东北解放战争发起地，见证了解放战争时期吉林省的重要地位，展现了中国共产党领导下的人民军队为解放东北、解放全中国所作出的巨大牺牲和贡献；抗美援朝后援地，是吉林省在抗美援朝战争中的重要角色，见证了志愿军的英勇足迹，是抗美援朝战争的重要历史见证；新中国汽车工业的摇篮——"一汽"，开启了中国汽车工业的发展之路，它不仅推动了中国汽车工业的起步，也为中国工业化进程作出了重要贡献；新中国电影事业的摇篮——"长影"，不仅是电影生产基地，更是中国电影艺术

和电影工业发展的重要推动者；中国人民航空事业的摇篮——东北民主联军航空学校（俗称"东北老航校"），即空军航空大学的前身，培养了新中国第一批飞行员和航空技术人才，为中国航空事业的发展奠定了坚实的基础。

吉林省的"三地三摇篮"，不仅是对过去的纪念，也是对未来的激励。这些历史遗迹和精神财富，至今仍然激励着吉林人民在新时代的征程中不断奋进，为实现中华民族伟大复兴的中国梦贡献力量。

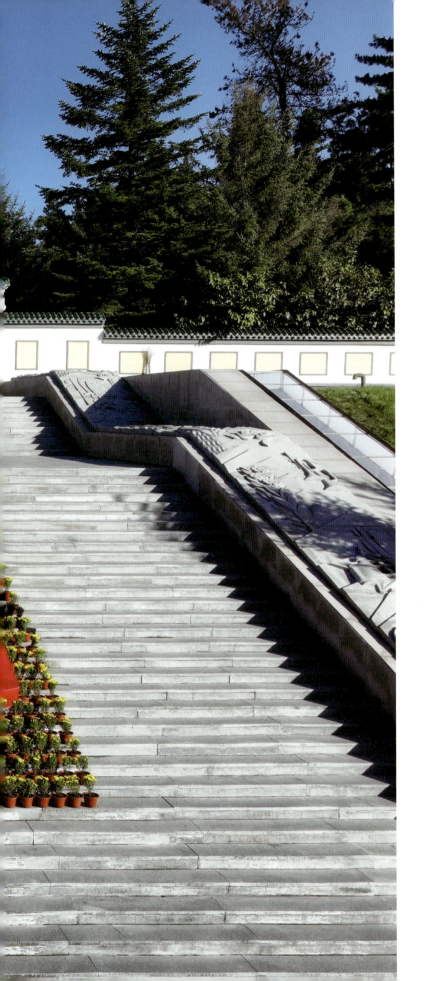

东北抗日联军创建地

The birthplace of the Northeast United Resistance Army

吉林省作为东北抗日联军的创建地，拥有丰富的红色资源和历史遗迹。东北抗日联军精神和杨靖宇精神，已经成为中国共产党的宝贵精神财富，激励着一代又一代的中国人。东北抗日联军的创建和发展，是中国共产党领导下的东北人民抗日武装的光辉历程。他们的英雄事迹和敢于牺牲的精神，是中华民族反抗外来侵略、争取民族独立和自由的生动写照。吉林省作为这段历史的见证地，将继续传承和弘扬这一伟大的抗日精神。

159

东北解放战争发起地

The birthplace of the Liberation War in Northeast China

　　吉林省在中国东北解放战争中扮演了重要角色，是东北解放战争的发起地。因其独特的地理方位和历史环境，东北解放战争时期的吉林省具有独一无二的历史贡献和历史地位，吉林省中部、东南部则是国共双方长期鏖战的战场，东部山区和西部草原则成为前沿根据地。1946年10月，国民党军大举进攻南满根据地，同年12月，中共中央东北局南满分局、南满军区在吉林省长白山区发起四保临江战役。1947年1月，东北民主联军总部在吉林省北部平原发起三下江南作战，正式打响东北解放战争。因此，吉林省不仅是东北解放战争的发起地，同时又是战略转折地、重要战场和前沿根据地。

抗美援朝后援地

Support Base for the War to Resist U.S. Aggression and Aid Korea

吉林省因其独特的地理位置，在抗美援朝战争中扮演了重要的角色，成为战争的重要后援地。在抗美援朝战争期间，吉林全省有2.87万名青年加入中国人民志愿军，为战争的最终胜利作出了重大牺牲和贡献。吉林省人民在战争中表现出了热烈的爱国主义精神，他们不仅积极参与战斗，还通过各种方式支援前线，如修铁路、运物资、抬伤员、缝制衣物、制作干粮等。吉林省在这一历史事件中的贡献，是中国人民伟大的爱国精神和革命英雄主义精神的体现。

新中国汽车工业的摇篮

The Cradle of New China's Automotive Industry

中国第一汽车集团有限公司（以下简称"一汽"）被誉为"新中国汽车工业的摇篮"，位于吉林省长春市。一汽的前身是第一汽车制造厂，于 1953 年 7 月 15 日在长春市奠基兴建。一汽在制造技术上实现突破的同时培养了一大批汽车工业人才，为中国汽车工业的发展奠定了坚实的基础。长春市作为一汽的所在地，也因承载着新中国的汽车梦想而成为具有战略意义的工业城市。一汽的发展历史，见证了中国汽车工业从无到有、由弱到强的历史进程。如今，一汽正积极响应国家创新驱动发展战略，致力于提升自主创新能力，推动中国汽车工业向高质量发展转型。

新中国电影事业的摇篮
The Cradle of New China's Film Industry

长春电影制片厂（简称"长影"）被誉为"新中国电影事业的摇篮"，长影创建于1945年，是新中国第一家电影制片厂，它开创了人民电影的七个第一，包括第一部多辑新闻纪录片、第一部木偶片、第一部动画片、第一部短故事片、第一部科教片、第一部长故事片、第一部译制片。

长影在其发展历程中，创作出品了《白毛女》《英雄儿女》《开国大典》等一大批优秀影片，为中国电影艺术的繁荣和发展作出了巨大贡献。长影的成功和贡献，体现了中国电影事业的蓬勃发展和文化自信，同时也为后来中国电影产业的发展奠定了坚实的基础。随着时代的发展，长影也在不断创新和进步，继续为中国电影事业的繁荣贡献力量。

中国人民航空事业的摇篮
The Cradle of China's Aviation Industry

　　中国人民航空事业的摇篮指的是位于吉林省的东北老航校，即中国人民解放军空军航空大学的前身。1946 年 3 月 1 日，东北民主联军航空学校在吉林省通化市宣告成立，这是中国共产党领导人民军队创办的第一所航空学校。东北老航校在艰苦的条件下，克服重重困难，培养了一大批航空技术人才，为后来的人民空军建设奠定了坚实的基础。东北老航校的精神内涵包括"团结奋斗、艰苦创业、勇于献身、开拓新路"，这种精神成为人民军队宝贵的精神财富。东北老航校的建立，标志着中国共产党开始着手建立自己的航空力量，为新中国的航空事业奠定了基石。在东北老航校的基础上，人民空军的主体战斗力得以形成，它不仅是飞行员的摇篮，也是航天员的摇篮、英雄的摇篮和将军的摇篮。东北老航校的历史和精神，至今仍然是中国航空事业的重要组成部分，激励着一代又一代的航空人。

「第 一 节」

民族风情，各美其美

吉林省是一个多民族省份，省内有汉族、朝鲜族、满族、蒙古族、回族、锡伯族等。现行行政区划当中，有延边朝鲜族自治州，以及伊通满族自治县、前郭尔罗斯蒙古族自治县、长白朝鲜族自治县三个自治县。

　　吉林省自古以来就是多民族聚居的大家园，它像一幅五彩斑斓的画卷，展示着各个民族独特的风情与魅力。在这里，汉族与众多少数民族和谐共处，共同铸就着多彩的文化篇章。其中，吉林省的朝鲜族同胞主要分布在延边朝鲜族自治州、吉林市、白山市等地，他们的传统节日、服饰等，都充满了浓郁的民族特色；满族同胞则以长春市、吉林市、通化市等地为主要聚居地，他们保留着许多传统习俗，对吉林省乃至整个东北地区的历史文化有着深远的影响；回族同胞主要分布在长春市、吉林市、辽源市等地，在长期的历史发展中，他们形成了具有地方特色的民族文化，在吉林省的社会发展中发挥了积极作用；蒙古族和锡伯族则主要分布在白城市、松原市等地，蒙古族同胞热情好客，能歌善舞，他们的草原文化豪迈与奔放。锡伯族则以其独特的传统文化而闻名，他们的存在也为吉林省的多元文化增添了别样的色彩。吉林省的少数民族远不止这些，达斡尔族、鄂伦春族等众多少数民族也在这片土地上繁衍生息。这些民族在长期的历史发展中，形成了你中有我、我中有你的亲密关系，铸牢中华民族共同体意识，共同推动了吉林省的经济发展和文化繁荣。

民族交往、交流、交融
Ethnic Exchange, Communication, and Blending

　　吉林省内有 4 个民族自治地方，分别是延边朝鲜族自治州、前郭尔罗斯蒙古族自治县、长白朝鲜族自治县和伊通满族自治县。这些自治地方在保障少数民族权益、促进民族团结和繁荣发展方面发挥了重要作用。

　　吉林省内的少数民族众多，各民族在长期的历史发展中形成了各自独特的文化特色和传统习俗。这种民族文化的多样性和丰富性为吉林省的社会发展注入了新的活力。

民族风采
National Style

　　吉林省的民族风情和人文瑰宝，是中华民族多元一体文化格局的生动体现。它们不仅丰富了吉林省的文化内涵，也为吉林省的旅游业注入了新的活力。在这里，你可以感受到不同民族文化的碰撞与融合，体验到吉林省独特的文化魅力。

　　吉林省的各民族不仅在文化上相互交融，而且在经济上相互合作、共同发展。各民族同胞们携手共进，共同致力于吉林省的经济建设和社会进步。他们充分发挥各自的优势和特长，共同推动吉林省的农业、工业、服务业等各个领域的发展。

第 二 节

百姓生活，安居乐业

随着经济的持续发展和社会的全面进步，人民的生活水平显著提升，物质条件日益富足，生活质量稳步提高。

长春市人民大街夜景

社会不断进步、历史持续向前，党和政府坚持以人民为中心，用心用情用力保障和改善民生，坚持把群众小事当作人民大事，在办好人民实事上不断深耕，吉林省正在高质量发展的快速路上平稳行驶，民生建设质量得到保障和改善，吉林省人民的物质生活丰富多彩。在这里，你可以看到人们用勤劳的双手创造着美好的生活；你还可以体会到那份浓浓的人情味，让人备感温暖和幸福。在未来的日子里，让我们继续传承和弘扬这种优秀的人文风貌，让人民的物质生活更加丰富多彩、更加美好幸福！

特色集市
Featured Market

集市是吉林省人民生活改善的真实写照，它好像一幅生动、多彩、充满活力的画卷。在这里，你可以看到人们用勤劳的双手创造着美好的生活；你可以感受到人们对传统文化的热爱和传承；你还可以体会到那份浓浓的人情味，让人倍感温暖和幸福。

长春市朝阳区乐山镇乐山大集

精彩社区
Fantastic Community

　　社区文化活动如同一阵温暖的春风，吹拂着吉林省的大街小巷，滋润着老百姓的心田。这些活动不仅丰富了人们的业余生活，更促进了邻里之间的交流与和谐，成为吉林省一道亮丽的风景线。吉林省的社区文化活动，以其独特的地域特色和浓郁的文化底蕴，吸引着越来越多的居民参与其中。

休闲度假
Leisure vacation

物质条件改善带动的是精神文化需求的扩大，人们开始追求更加多样化的精神享受。休闲度假既能放松心情又能增长见识，自然而然地成为人们丰富闲暇生活的一种方式。

梅河口市东北不夜城

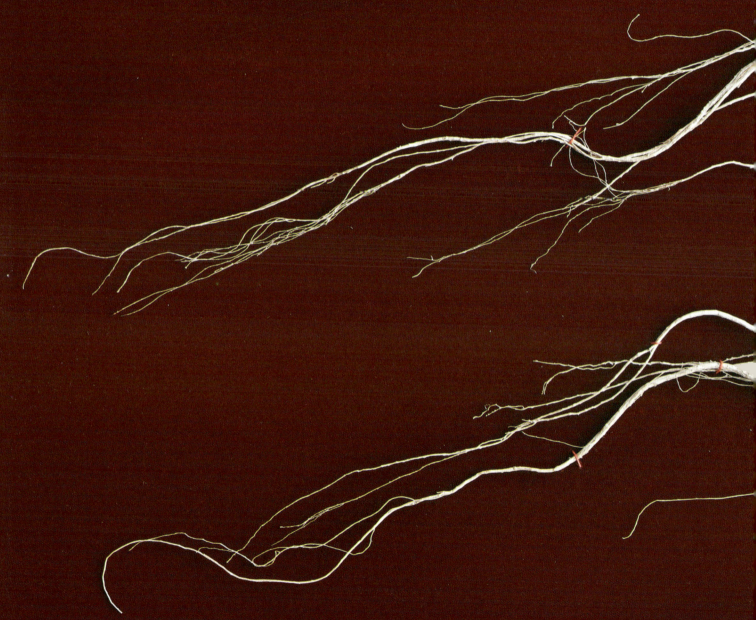

「第 一 节」

皇家贡品，尊贵非凡

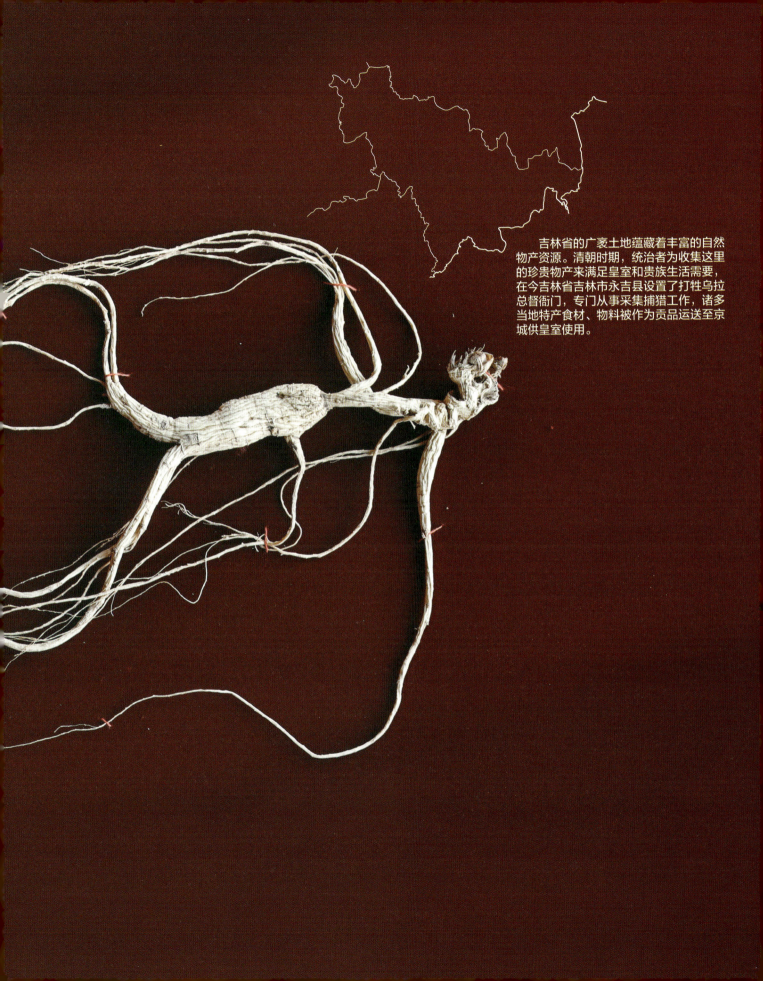

吉林省的广袤土地蕴藏着丰富的自然物产资源。清朝时期，统治者为收集这里的珍贵物产来满足皇室和贵族生活需要，在今吉林省吉林市永吉县设置了打牲乌拉总督衙门，专门从事采集捕猎工作，诸多当地特产食材、物料被作为贡品运送至京城供皇室使用。

长白山人参
Changbai Mountain Ginseng

人参是作为大自然的奇迹，滋养身心的圣品，长白山人参不仅是中医药中的瑰宝，更是滋补养生的首选。每一根人参都蕴含着山川的灵气，为健康保驾护航。

鲟鳇鱼

Sturgeons

鲟鳇鱼，作为一种珍贵的鱼类，在古代被
视为贡品，专门进贡给皇帝享用。尤其是东北
地区所产的鲟鳇鱼，因其稀有性和珍贵性，在
清朝成为皇室祭天祭祖等大祀时的首位供品，
以及皇帝生日和重大节庆的必备佳肴。鲟鳇鱼
已是濒危灭绝物种，如今被列入《濒危野生动
植物种国际贸易公约》。

东珠

East Pearl

    东珠是产自中国东北松花江、黑龙江、乌苏里江、鸭绿江等流域的野生珍珠，圆润硕大，璀璨夺目。因其为天然形成，无植核等培养工艺，得之不易，弥足珍贵，清朝对东珠的采捕有严格的规定。清顺治七年（1650年），设置乌拉总管，隶属内务府管辖，禁止宗室派人于乌拉之处采捕东珠。乌拉为古城名，是打牲乌拉的简称。清康熙年间，再次加以限制，禁止居住在宁古塔的乌拉人采捕东珠。

松口蘑

Tricholoma matsutake

　　松口蘑，又名松茸，是一种珍贵的真菌。松口蘑主要分布在吉林省，味道鲜美，营养丰富，具有很高的药用及食疗价值。

吉林粮豆，满仓满囤

吉林省是国家重要的商品粮生产基地，地处享誉世界的"黄金玉米带"和"黄金水稻带"，人均粮食占有量、粮食商品率、粮食调出量及玉米出口量连续多年居全国首位。水稻、玉米、大豆三种农产品是吉林省农业产业的重要资源。

吉林水稻

Jilin Rice

吉林省地处北纬 41° — 46° 之间，是世界公认的"黄金水稻带"。通过建立优选良种、适时播种、科学管理这一完善的水稻种植体系，吉林水稻的产量和品质得到有效保证。每一粒吉林水稻都蕴含着吉林省黑土地的肥沃与阳光雨露的滋养，用它煮出的米饭，香气扑鼻，是日常生活中不可或缺的美味。近年来，吉林省优选水稻加工龙头企业，成立吉林大米产业联盟，联盟企业统一使用"吉林大米"标识，用"吉林大米"的大品牌统领区域品牌，以区域品牌聚合企业品牌，使"吉林大米"品牌迅速崛起。

吉林大豆
Jilin Soybean

　　吉林大豆作为吉林省主要粮食作物之一，具有悠久的种植历史和丰富的品种资源。吉林省种植大豆历史悠久，素有"大豆之乡"的美称。

吉林玉米

Jilin Corn

　　吉林玉米作为吉林省主要粮食作物之一，享有极高的声誉具有 广泛的市场影响力。吉林玉米的产地主要集中在吉林省的松嫩平原，这一地区与美国玉米带、乌克兰玉米带并称为世界"三大黄金玉米带"。

「第 三 节」

珍馐吉菜，味觉旅行

吉菜，彰显了吉林省独特的美食文化，它以醇厚香浓和朴素实惠等特色，在中国美食版图上独树一帜。其中，有几道菜品还具有宫廷背景，它们历史悠久、工艺精湛、味道独特，深受人们喜爱。

吉菜不仅继承了本地的传统烹饪技艺，而且融合了其他菜系的精髓，形成了自己鲜明的风味体系。

　　吉菜，作为东北地区饮食文化的重要组成部分，其历史悠久、底蕴深厚，是中华美食宝库中一颗璀璨的明珠。吉菜以其独特的风味、丰富的种类和深厚的文化内涵吸引了无数国内外食客。

　　吉菜的历史在地方史志中有所记载，源自始创于1821年的富春园饭庄。该饭庄是吉林省第一家大型酒席菜馆，由清朝道光初年山西太谷县（今山西省晋中市太谷区）人曹志友开办。随着历史的发展，吉菜逐渐吸收了汉族、满族、朝鲜族等多民族文化的精髓，形成了今天我们所看到的具有多元化、包容性特点的吉菜体系。

　　在清朝时期，吉林省作为皇家围猎的重要场所，其饮食文化得到了空前的发展。皇家御膳的传入，不仅为吉菜带来了更多的烹饪技巧和更丰富的食材，也提升了吉菜的整体品质和地位。

　　吉菜以其独特的风味和鲜明的烹饪特点而著称。首先，吉菜注重原料的选择和搭配，善于利用吉林省的山珍野味、江河湖鲜等优质食材，烹制出营养丰富、口感鲜美的佳肴。其次，吉菜在烹饪技艺上讲究火候、刀工和调味，通过炖、煮、烤、炸等多种烹饪方式，使菜品达到色、香、味俱佳的效果。

　　在风味上，吉菜口味以咸鲜为主，同时兼顾酸、甜、辣等多种口味，足以满足不同食客的口味需求。在菜品类型上，吉菜涵盖了冷菜、热菜、汤品、主食等多种形式，既有传统的炖菜、蒸菜、烤肉等经典菜品，也有创新的海鲜等特色菜品。

　　吉菜不仅是一种饮食文化的表现，更是一种文化符号和精神寄托。它承载着吉林人民对美好生活的向往和追求，体现了独特的地域风情和人文精神。在吉菜中，我们可以看到吉林人民勤劳智慧、勇于创新的品质，可以看到他们对自然的敬畏和感恩之情，可以看到他们对传统文化的坚守和传承意识。

地三鲜

小鸡炖蘑菇   Chicken Stewed with Mushrooms   鲶鱼炖茄子

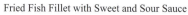

鱼子炖粉条   Fish Roe Stewed with Vermicelli   锅包鱼片   Fried Fish Fillet with Sweet and Sour Sauce   汆白肉

Stir-Fried Potatoes with
Eggplant and Green Peppers

香辣肉丝　　Spicy Shredded Pork with Coriander

渍菜粉　　Pickled Chinese Cabbage Noodles

Catfish Eggplant Casserole

豆腐松茸汤　　Tofu and Matsutake Soup

家常豆腐　　Sauteed Tofu with Black Fungus

Stewed Pork
with Pickled Chinese Cabbage

滑溜肉片　　Sauteed Sliced Pork with Sauce

蘸酱菜　　Vegetable Dipping Dish

雪衣豆沙

Red Bean Paste Ball with Fluffy Snowy Coating

雪衣豆沙这道菜的主料为豆沙，辅以蛋泡糊，采用软炸的烹调方法制成，形圆色白似朵朵棉桃，富含碳水化合物、蛋白质等营养成分，香甜可口，独具风味。

猪肉炖粉条
Stewed Pork with Vermicelli

猪肉炖粉条这道菜是最出名的吉菜之一。色泽红亮、软烂咸香的猪肉配上吸满肉汁的粉条，可谓人间的极品美味！

锅包肉
Fried Pork with Sweet and Sour Sauce

锅包肉原名"锅爆肉"，这道菜的历史可追溯至清朝，清朝旗人郑兴文把原来咸鲜口味的"焦烧肉条"改成了酸甜口味的菜肴，也就是今天的锅包肉。

大拉皮
Wide Cold Noodles

　　大拉皮是吉林省知名的地方传统小吃，以劲柔爽口、质感细腻而深受食客喜爱。拉皮的制作方法主要有两种，一种是手工制作，另一种是机械化制作。

铁锅炖
Stewed in Iron Pot

　　铁锅炖是使用灶台铁锅炖鸡、鹅、鱼、排骨等菜肴的方式。铁锅炖起源于闯关东时期，通过乱炖的烹饪技法制作菜品，其口味以咸口为主，适合口味较重的吉林人。

「第 四 节」

特色物产，物华天宝

吉林省拥有丰富的特产，涵盖了食品、药材、工艺品等多个领域。有长白山人参、鹿茸等。

风景如画的吉林省大地上，孕育了无数令人垂涎的特产。这里不得不提的就是松子和榛子，这两种坚果颗粒饱满，香脆可口，不仅可以直接食用，还能入药，富含多种维生素和微量元素，是健康的小零食。想象一下，在寒冷的冬日里，手捧一把热腾腾的炒松子或榛子，那滋味，简直暖到了心窝。

吉林省的鹿茸，亦是让人赞不绝口。吉林省梅花鹿养殖业发达，鹿茸作为取自梅花鹿的珍贵产品，因其丰富的营养成分和独特的药用价值而闻名遐迩。鹿茸富含多种氨基酸、矿物质和微量元素，具有补肾壮阳、益气养血等功效，是中药材中的瑰宝。无论是作为保健品还是礼品，鹿茸都是极佳的选择。

除了这些珍贵的药材和美味的坚果，吉林省的木耳也是一绝。木耳是人们日常生活中常见的食材之一，而吉林省黑木耳的质量十分出众，特别是长白山地区的秋木耳，胶质丰富、营养成分高、肉质较厚，无论是炒菜、炖菜，还是做包子、饺子，都能让菜肴的口感和营养更上一层楼。

说到山珍，怎能不提吉林省的榛蘑，榛蘑又叫蜜环菌、蜜蘑、栎蘑，是长白

山特有的美味。它不能人工培育，只能自然生长于山区、林区的榛柴岗上。榛蘑肉质厚实、味道鲜美、香气独特，是东北传统菜肴中不可或缺的食材之一。小鸡炖蘑菇这道菜，用的就是榛蘑，味道让人欲罢不能。

吉林省的水果也是不容错过的。长白山蓝莓，以其小巧玲珑的身姿和丰富的营养而著称。别看它个头小，却富含花青素和多种维生素、微量元素，对人体大有裨益。蓝莓不仅可以直接食用，还可以用来制作蓝莓饮料、蓝莓酒、蓝莓蛋糕等美食，每吃一口都能体会到满满的幸福。

说到饮品，吉林省的葡萄酒也是一绝。通化市气候温暖湿润、土地肥沃、生态环境好，非常适合种植山葡萄。这里酿造出的葡萄酒口感醇厚、香气浓郁，深受人们的喜爱。无论是自饮还是送礼，吉林省的葡萄酒都是极佳的选择。

吉林省的特产众多，比如榆树钱酒、鼎丰真糕点、真不同酱肉、老茂生糖果等。每一种特产都承载着吉林人民的智慧和汗水，也见证了这片土地的繁荣与昌盛。

长白山蓝莓
Changbai Mountain Blueberries

　　长白山蓝莓为长白山区特产的小浆果，具有独特的风味及营养保健价值。长白山蓝莓呈椭圆形，单个鲜果重量0.5～1.0克。浆果为蓝紫色，风味偏酸并有特殊香气。种子极小，入口几乎没有感觉，可食率100%。长白山蓝莓果实富含花青素、维生素C、维生素E、维生素A、钾、铁、锌等营养物质。据研究，长白山蓝莓的营养保健作用十分突出，具有减缓脑神经衰老、明目及抗癌等功效。

东北榛子
Northeast China Hazelnut

　　东北榛子又称山板栗、尖栗、槌子等，它外形似栗子，外壳坚硬，果仁肥白而圆，有香气，含油脂量很大，吃起来特别香美，余味绵绵，有"坚果之王"的称号，与扁桃、胡桃、腰果并称为"四大坚果"。

集安板栗
Ji'an Chestnut

集安板栗是金秋时节的甜蜜馈赠、自然赋予的美味果实，它以皮薄肉厚、甜软适口的特点赢得了市场的青睐。无论是直接食用还是加工成各种美食，都能让您感受到甜蜜与幸福。

黄松甸黑木耳
Huangsongdian Black Fungus

黄松甸黑木耳是山林间的黑色精灵、餐桌上的美味佳肴，它以厚实爽滑的口感，成为烹饪中的重要食材。无论是凉拌还是热炒，都能让人品味到来自大自然的纯粹与鲜美。

吉林鹿茸
Jilin Pilose Antler

　　鹿茸是关东三宝之一，吉林鹿茸以其卓越的品质和珍贵的药用价值而闻名。吉林鹿茸主要产于吉林省长白山，这里得天独厚的自然条件，为鹿茸的生长提供了优越的环境。鹿茸的药用价值极高，被广泛应用于中医领域。鹿茸的食用方法多样，可以泡制药茶、煮粥或泡酒等。吉林鹿茸在国际市场上畅销不衰，各种鹿茸制品如鹿茸片、鹿茸酒等深受消费者喜爱。

东北林蛙
Rana Dybowskii

　　东北林蛙是食、药两用的珍贵蛙种，其肉质鲜美，所产蛤蟆油营养价值高，有"软黄金"之称，是延缓衰老、滋补强身、增强机体免疫力的进补良药，曾被清朝皇室誉为"八珍之首"。

紫貂皮
Zibeline

　　紫貂主要分布在吉林省长白山地区，是珍贵而稀少的毛皮动物。在中国古代，紫貂皮就已被视为珍品，是帝王和贵族的奢侈品。

　　紫貂因繁殖力较弱、森林破坏以及偷猎造成数量锐减，现为国家一级重点保护野生动物。

长白山野蜂蜜
Changbai Mountain Wild Honey

　　长白山野蜂蜜产自长白山的原始森林，这里自然条件优越，拥有丰富的植物资源，为蜜蜂采集提供了得天独厚的条件。长白山野蜂蜜是野山蜂于长白山百花丛中采集而来的，集百花之精华。它未经人工干预，纯天然、无污染，色泽晶莹，味道醇厚甘甜，花香味相对于其他蜜种较淡，并且会有微酸味。此外，长白山野蜂蜜还容易结晶，结晶后呈乳白色或乳黄色，质地如油脂一样细腻。

第 五 节

物种多样，生态优良

吉林省特殊的地理位置、复杂多样的生态环境、较为完备的保护体系造就了丰富多样的生态资源。

  吉林省是一片生态资源丰富、生物多样性显著的土地。这里不仅拥有广袤的森林、清澈的湖泊和蜿蜒的河流，还孕育着丰富多样的动物种群，构成了一个生机勃勃的自然生态系统。

  吉林省的动物种类繁多，其中不乏珍稀和特有的物种。在长白山的密林深处，你可能会遇到东北虎、远东豹等顶级捕食者，它们在这片土地上自由驰骋，展现着野性的魅力。而梅花鹿、马鹿等优雅的动物则在林间悠然自得，为这片土地增添了几分灵动与柔美。

  除了大型哺乳动物，吉林省还拥有丰富的鸟类资源。查干湖、向海等湿地是众多鸟类的栖息地，每年春夏之交，这里都会迎来候鸟的迁徙盛景，成千上万只鸟类在此繁衍生息，为吉林省的自然生态增添了无限的生机与活力。

  此外，吉林省的河流与湖泊中也孕育着丰富的水生生物。松花湖、图们江等水域中，各种鱼类、虾类、贝类等水生动物繁衍生息，构成了复杂而精细的水生生态系统。

  吉林省的动物资源丰富多彩，它们在这片土地上自由生长、繁衍，共同构成了一个和谐共生的自然生态系统。这些动物是吉林省自然生态的重要组成部分，更是人类宝贵的自然遗产。我们应该珍惜和保护这些珍贵的动物资源，让它们在吉林省这片土地上继续繁衍生息，为人类社会带来更多的自然之美与生态之益。

赤狐　　　　　　　　　　　　Red Fox
东北狼　　　　　　　　　　　Grey Wolf
黄喉貂

梅花鹿　　　　　　　　　　　Sika Deer
东北兔　　　　　　　　　　　Lepus Mandshuricus
貉

远东豹　　　　　　　　　　　Amur Leopard
亚洲狗獾　　　　　　　　　　Asian Badger
黄鼬

Yellow-throated Marten

白腹鹞　　　　　　　　　　　　　Eastern Marsh Harrier

Raccoon Dog

白额燕鸥　　　　　　　　　　　　Little Tern

Yellow Weasel

北朱雀　　　　　　　　　　　　Siberian Rosefinch

吉林省动物资源
Animal Resource of Jilin Province

　　吉林省共有陆生脊椎动物 501 种，包括两栖类 14 种、爬行类 17 种、鸟类 385 种、兽类 85 种。吉林省有国家重点保护野生动物 136 种，其中归林草部门管理的有 124 种，包括东北虎、梅花鹿等国家一级保护野生动物 36 种，黑熊、猞猁等国家二级保护野生动物 88 种。

吉林省野生动植物保护

Wildlife Conservation of Jilin Province

　　吉林省一直以来高度重视野生动植物保护工作，从 1996 年起，在全国率先实施了无限期全域禁猎、野生动物损害补偿、全面禁止天然林商业性采伐、划建自然保护区等措施，使野生动植物资源得到有效的保护，尤其使珍稀濒危种群得到持续恢复与发展。植被覆盖度从 1997 年的 74.21% 提高到了 2020 年的 85.44%；东北虎、远东豹、中华秋沙鸭、白鹤、东方白鹳等珍稀濒危野生动物在吉林省长住或停歇数量持续增长，生物多样性保护取得了显著的成就。

候鸟迁徙
Migration of Birds

　　吉林省位于"东亚—澳大利西亚"候鸟迁徙通道，是白鹤、丹顶鹤、东方白鹳、中华秋沙鸭等濒危物种重要迁徙繁殖地。吉林省候鸟迁徙路线主要分为东西两线，东线始于珲春图们江口，西线始于西辽河。其中，向海、莫莫格和敬信等湿地是白鹤、东方白鹳、丹顶鹤等迁徙水鸟的重要停歇地。

黑颈鸊鷉
Podiceps Nigricollis

银鸥
Herring Gull

豆雁
Bean Goose

中华攀雀
Remiz Consobrinus

环颈雉
Ring-necked Pheasant

苍鹭
Grey Heron

　　吉林省高度重视候鸟保护工作，深入落实国家林草局关于候鸟保护的总体部署，采取一系列扎实有效的保护措施，全面推进辖区内候鸟保护工作，已取得了显著的成效。自候鸟保护工作贯彻实施以来，全省野生鸟类物种数量持续回升。

球果假水晶兰 *Monotropastrum humile* (D. Don) H. Hara

杜香 *Rhododendron tomentosum* Harmaja

长白乌头 *Aconitum tschangbaischanense* S. H. Li et Y. H. Huang

长白岩黄芪 *Hedysarum ussuriense* Schischk. & Kom.

白花刺蔷薇 *Rosa acicularis* f. *alba* Nakai

野蓟 *Cirsium maackii* Maxim.

高山罂粟 *Oreomecon alpina* (L.) Banfi, Bartolucci, J.-M. Tison & Galasso

苞叶杜鹃 *Rhododendron bracteatum* Rehd. et Wils.

长白棘豆 *Oxytropis anertii* Nakai

小山菊 *Chrysanthemum oreastrum* Hance

笃斯越橘 *Vaccinium uliginosum* Linn.

侧金盏花　　*Adonis amurensis* Regel & Radde

中华金腰　　*Chrysosplenium sinicum* Maxim.

长白红景天　　*Rhodiola angusta* Nakai

狭叶瓶尔小草　　*Ophioglossum thermale* Kom.

库页红景天　　*Rhodiola sachalinensis* A. Bor.

杓兰　　*Cypripedium calceolus* L.

紫点杓兰　　*Cypripedium guttatum* Sw.

圆叶茅膏菜　　*Drosera rotundifolia* L.

长白岩菖蒲　　*Tofieldia coccinea* Richards.

丝瓣剪秋罗　　*Lychnis wilfordii* (Regel)
H. Ohashi & H. Nakai

247

附录1

G331国道

G331 NATIONAL HIGHWAY JILIN SECTION

吉林段
智慧导图

扫码获取风景信息
点击导航直达景点
开启 G331 吉林段自驾之旅

四保临江战役纪念馆

松岭雪村

老秃顶子景区

龙山湖风景区

临江市路段

五女峰国家森林公园

浑江区路段

羊鱼石第一漂景区

高句丽文物古迹景区

鸭绿江国门景区

集安市路段

大吉他音乐广场

G331

国门生态园

图们口岸

琵岩山文化旅游风景区

图们市日光山森林公园

图们市路段

图们江87街区

珲春市路段

中俄珲春口岸

圈河口岸

仙景台国家级风景名胜区

三合旅游风景区

G331

安图县奶头山村

防川风景区

军舰山风景区

龙井市路段

环长白山路段

G331

和龙市路段

旧居纪念馆

鸭绿江景观带风景区

灵光塔

千年崖城风景区

果园朝鲜族民俗村

G331

长白朝鲜族自治县路段

长白口岸景区

N
W E
S

G331 国道，被誉为"中国北境公路之王"，它就像一条巨龙，蜿蜒在祖国的北疆大地上。这条公路起点在美丽的辽宁省丹东市，穿越了吉林省、黑龙江省、内蒙古自治区、甘肃省，最终抵达新疆维吾尔自治区的哈巴河县，全长超过 9000 千米，是中国第二长的国道。沿途的风景，简直美不胜收！从东到西，您可以领略四季变换的壮丽景色：春天的万物复苏，夏天的绿意盎然，秋天的五彩斑斓，冬天的银装素裹。公路两旁，森林、草原、河流、沙漠、戈壁……各种自然风光交织在一起，构成了一幅幅动人心魄的画卷。而且，G331 国道还是一条边境公路，它紧邻朝鲜、俄罗斯和蒙古国，沿途"散落"着上百个特色各异的边境小镇。

G331 国道吉林段，从集安市启程，沿中朝边境蜿蜒前行，直至珲春市，全长 1437 千米，宛如一条璀璨的珠链，串起了吉林省的绝美风光与丰富文化。这一路上，您将穿越连绵的鸭绿江河谷、松花江源头河谷和图们江河谷，沿途风光旖旎，沟壑纵横，岗峦起伏，让人流连忘返。您将目睹鸭绿江的壮阔，感受长白山的巍峨，体验东北大地的雄浑与壮美。G331 国道吉林段不仅自然风光迷人，还蕴含着深厚的历史文化底蕴。您将有机会探访高句丽王朝遗址，感受历史的厚重；在边境小镇品尝地道的东北美食，体验浓郁的民俗风情；在沿途的村落中，购买丰富的土特产品，感受吉林人民的热情与淳朴。自驾在这条公路上，您将仿佛置身于一幅流动的山水画卷之中，每一处都是风景，每一步都充满惊喜。这不仅是一次简单的旅行，更是一次心灵的洗礼和文化的探索。G331 国道吉林段，等待着每一位热爱自驾、热爱生活的旅者前来体验，感受它的独特魅力。

G331国道吉林段

沿途景点介绍

INTRODUCTION TO SCENIC SPOTS
ALONG THE WAY

附录2

出行必备

ESSENTIAL FOR TRAVEL

鸭绿江国门景区

这里有被称为"抗美援朝第一渡"的鸭绿江国境铁路大桥，在这里既可以缅怀革命先烈，又能观赏作为历史见证的铁路大桥和庄严雄伟的铁路国门。公路口岸国门是目前东北地区整体跨度最宽、建筑面积最大、建设标准最高的边境国门，被誉为"东北第一国门"。

陈云旧居纪念馆

陈云旧居纪念馆位于临江市，紧靠鸭绿江的临江林业局机关院内。走进纪念馆，可以感受到一代伟人运筹帷幄、勇于奋战的无畏气概和革命精神，学习继承老一辈革命家顽强拼搏的英雄气概、艰苦奋斗的优良作风和不屈不挠的斗争精神。

果园朝鲜族民俗村

果园朝鲜族民俗村位于白山市长白朝鲜族自治县马鹿沟镇，是中国最美休闲乡村，中国少数民族特色村寨。果园村设民俗展览区、康体娱乐区、人文景观区、动物观赏区、野生花卉区、餐饮购物区、民居服务区、绿色生态区八个分区，是集休闲、观光、娱乐、民俗体验、餐饮、购物和度假于一体的综合民俗旅游场所。

五女峰国家森林公园

五女峰国家森林公园风景奇异秀丽，山高林密，共有较大山峰26座，海拔1000米以上的有17座，其中以天女、玉女、参女、春女、秀女5座山峰最为壮观，"五女峰"也因此得名。这里森林覆盖率达94.5%，因空气中极高的负氧离子含量，被赞为"天然氧吧"。陡峭的山峦，挺拔的群峰，经历岁月风霜，以最自然的形态向人们展现它的千姿百态、雄伟壮观。

老秃顶子景区

老秃顶子景区坐落在临江市花山镇，据说这里因海拔高、山顶树木稀少，像一个光秃秃的脑瓜顶而得名。壮观的日出、绚丽的云海、沧桑的古树，以及争相绽放的野花，每一处风景都如同画卷一般，蕴藏着大自然的无限惊喜。

鸭绿江景观带风景区

鸭绿江景观带风景区位于长白朝鲜族自治县，东起马鹿沟镇，西至长白经济开发区，总长10千米，是沈长公路必经之地。景观带风景区主体为木栈道结构，沿边境线顺势铺开，整体设计采用现代景观设计手法，将长白朝鲜族自治县唐渤海文化、朝鲜族民族风情、边境特色及红色文化等元素融入其中。

羊鱼石第一漂景区

鸭绿江羊鱼石第一漂景区是中朝界河鸭绿江畔的一处漂流景区，站在江边，一眼望去，纵览两国风光。这里是全国唯一的界江漂流，漂流时长近2小时，漂流江段总长12千米，分长、中、短3个游程。羊鱼石第一漂景区正对面就是朝鲜的满浦市，两地隔江相望，使游客漂流时仿佛置身于一幅天然的大画卷中。

松岭雪村

松岭雪村地处长白山老岭山脉东麓，人烟稀少、景色优美，是一个只有百余户村民的自然屯。这里四季景色分明，春季山花烂漫，夏季翠绿温凉，秋季绚丽多彩，冬季银装素裹、美景如画，是摄影、写生爱好者不容错过的好去处。

千年崖城风景区

千年崖城是一座建在悬崖之上的古城。千年崖城风景区以探寻长白历史古迹作为景区文脉与灵魂，以唐朝时期的历史文化为背景，复刻崖城文化时期的繁华景象，将千年前那些屋脊昂立、青瓦整洁的朝鲜族古村落、纵横交错的古街道与热闹喧嚣的市集景象呈现在广大游客的面前。

大吉他音乐广场

在集安大吉他音乐广场上，矗立着一座高19.1米、厚1.6米、宽6.8米的"大吉他"，如今这里已成为广大游客和摇滚音乐爱好者的必游之地。作为省级夜间文化和旅游消费聚集区，广场利用声、光、电等现代化手段，将集安的自然山水、人文历史等影像呈现在大吉他雕塑的外立面上。这里是散步、观景、赏夜色、看表演的不二之选。

龙山湖风景区

龙山湖是国家AAA级旅游景区，省级风景名胜区。湖区水面全长90千米，区域总面积420平方千米，距白山市区57千米，属中朝两国界江——鸭绿江截流而成的人工湖。龙山湖风景区景观独特，异国风情尽收眼底。

长白口岸景区

长白口岸是国家一类口岸，与朝鲜惠山口岸以全长148米的长惠国际大桥相连。在此处可以体验"一脚跨两国"，瞻仰中国32号界碑，领略中国国门的庄严，俯瞰鸭绿江，体验自然气息。

安图县奶头山村

奶头山村位于安图县二道白河镇东南部，是全国乡村旅游重点村，距离长白山北景区仅26千米，素有"长白山下第一村"的美誉。景区建设有温泉度假酒店、游乐区、森林穿越，以及非遗体验基地等十大功能区域。

高句丽文物古迹景区

高句丽文物古迹景区是吉林省内唯一一处世界文化遗产。这里以独特的方式，多角度、多层面记录了高句丽时期的政治、经济、军事、文化、建筑等社会状况，是世界上高句丽遗迹分布最集中、内容最丰富、特色最鲜明的高句丽历史研究和展示中心。

四保临江战役纪念馆

四保临江战役纪念馆位于风光秀美的鸭绿江畔，猫耳山下，原名"四保临江烈士纪念馆"。馆内以新颖的艺术形式和现代陈列手段，展示了东北解放战争时期"三下江南，四保临江"的战斗场面，全面地反映了老区人民奋勇直前的奉献精神。

灵光塔

灵光塔坐落在东北地区海拔最高的塔山公园内，是一座砖造楼阁式空心方塔，通高约13米。灵光塔建于公元698—926年，鉴定为唐朝渤海国建造的佛塔，是我国东北地区历史年代最早、保存最好的古砖塔，距今已经有1300多年的历史，是研究渤海国建筑工艺、文化艺术和佛教的重要参照。

军舰山风景区

军舰山风景区位于和龙市最南端，地处长白山景观带、图们江上游北岸，景区面积约40平方千米。军舰山长约1200米，宽约400米，海拔746米，因山的形状像一艘乘风破浪的军舰而得名。军舰山石壁陡峭、林木茂盛、山花烂漫，是观赏日出、骑行、登山、观景打卡的好去处。

仙景台国家级风景名胜区

仙景台国家级风景名胜区位于和龙市南坪镇，海拔920米，群峰耸立、千姿百态，呈现出奇峰、奇松、奇岩、奇花、云海日出等奇观，自古就有"天下第一仙景"的美称。每到春天，仙景台的金达莱花处处开放，仙景台便成了拍照打卡、赏金达莱花的绝佳胜地，这里美丽的景色让人流连忘返。

图们口岸

图们，城市因口岸而生，临江而建，是图们江上唯一与朝鲜"城与城"相连的边境口岸城市。图们口岸是吉林省立关较早、历史较长的"百年口岸"，年过货能力560万吨。经公路和铁路可直通朝鲜腹地，是吉林省"借港出海"的必经之地。

三合旅游风景区

三合旅游风景区位于龙井市三合镇的五峰山上，海拔高度329.1米，距离龙井市区55千米，与朝鲜咸镜北道会宁市隔江相望。山脚下，奔腾的图们江蜿蜒缠绕；半山腰，火红的金达莱婀娜招摇。

图们江87街区

图们江87街区位于图们江畔、图们江广场南侧，有隔江望朝鲜、87界碑等多处网红打卡点，更有烧烤、特色小食、朝鲜族民族服饰旅拍等体验式旅游项目。

琵岩山文化旅游风景区

琵岩山文化旅游风景区树木繁茂、江水环绕、风景怡人，是天然的山体公园。这里完整地保存着数年之前新石器时代的文化遗存和抗日战争时期龙井人民反日斗争活动遗址"一松亭"。美丽的海兰江环绕琵岩山而过，著名歌曲《红太阳照边疆》中"长白山下果树成行，海兰江畔稻花香"这句，唱的就是这里的美景。

中俄珲春口岸

珲春市是一座近海口岸旅游城市。中俄珲春口岸属国家一类口岸，距珲春市区14千米，是吉林省唯一对俄开放的公路口岸。每天早上，在中俄珲春口岸，一辆辆满载俄罗斯帝王蟹、毛蟹、板蟹等各类海产品的货车川流不息，集散后再通过数小时的空运物流抵达全国各地。

图们市日光山森林公园

日光山森林公园是国家AAA级旅游景区，地处长白山至图们旅游线上，保护面积6.47平方千米，森林覆盖率达70%。与朝鲜隔江相望，具有优越的自然条件和独特的地理位置。日光山海拔高度400米，登临日光山，中朝两国秀美风光可尽收眼底。此山日照时间较长，所以被命名为"日光山"。

圈河口岸

圈河口岸是国家一类口岸，距图们江入海口36千米，距市区39千米，距朝鲜罗先市51千米，是我国直接进出朝鲜罗先自由经济贸易区的唯一通道，对面是朝鲜元汀国际口岸。

国门生态园

国门生态园坐落在图们市月晴镇五工村，是集休闲旅游、餐饮娱乐、观光体验于一体的综合性多功能园区，建有恐龙乐园、风车廊道、锦鲤观赏塘、莲花池等园区。在夜空下观星辰、在帐篷下吃烧烤，把城市变成游乐场，不必去远方，也能将快乐收藏。

防川风景区

防川风景区是我国唯一中、俄、朝三国鼎足地带，吉林省唯一"一眼望三国"景区。在龙虎阁上登阁远眺，可以真正领略"鸡鸣闻三国，犬吠惊三疆"的魅力。景区内的防川民俗村由纯正的朝鲜族村落改造而成，保留了传统的建筑风格和居民生活形态，被誉为"东方第一村"。

图书在版编目（CIP）数据

大美吉林 /《大美吉林》编创组编. -- 长春 : 吉
林科学技术出版社, 2025.3. -- ISBN 978-7-5744-1336-
8

Ⅰ. K928.934

中国国家版本馆CIP数据核字第20247YY467号

大美吉林
DA MEI JILIN

作　　者	《大美吉林》编创组
出 版 人	宛　霞
责任编辑	宿迪超
封面设计	张　虎

出　　版	吉林科学技术出版社有限责任公司
发　　行	吉林科学技术出版社有限责任公司
地　　址	吉林省长春市南关区福祉大路5788号
邮　　编	130118
印　　刷	吉林省吉广国际广告股份有限公司
电　　话	0431-81629711

开　　本	880 mm×1230 mm　1 / 16
印　　张	16
字　　数	80 千字
版　　次	2025 年 3 月第 1 版
印　　次	2025 年 3 月第 1 次印刷

书　　号	ISBN 978-7-5744-1336-8
审 图 号	吉S（2024）108号
定　　价	398.00 元

如有印装质量问题，请与出版社联系调换。